OBSERVATIONS

SUR LES RAPPORTS

COMMERCIAUX ET POLITIQUES

DE LA FRANCE

EN 1820.

Au moment où l'on s'occupe d'une loi de douane, l'attention doit naturellement se porter sur la législation qui nous régit dans cette partie, et sur l'influence qu'elle exerce dans nos rapports commerciaux et politiques.

Sans doute, celui qui saura démontrer que le système de douanes qui a été adopté, et dans lequel on persévère, est contraire aux véritables intérêts de l'agriculture et de l'industrie commerciale, qu'il est en opposition aux rapports de bonne intelligence, de paix et d'amitié que la restauration de la France a créés, aura rempli une tâche honorable autant qu'utile.

Cherchons donc les moyens d'y parvenir, en démontrant aussi quelles sont les règles que l'on doit appliquer à notre situation, qui est celle d'un peuple *destiné à être essentiellement agricole, navigateur et commerçant*, comme l'a dit un orateur de la Chambre des Députés (1), dans un discours tout entier relatif à la loi qui nous occupe.

Que l'on ne pense pas qu'en posant ainsi les bases de la situation de la France dans ses rapports commerciaux, je veuille enlever à sa gloire les immenses fabriques et les arts qui s'y sont formés, et qui y ont pris un essor aussi digne d'éloges que d'encouragemens.

Le gouvernement leur doit protection et appui ; mais il ne doit pas tout sacrifier à leur existence, et sacrifier ces mêmes fabriques à un système de prohibition, qui feroit repousser leurs produits par tous les peuples que nous devons être appelés à fréquenter.

Lorsque le système de douane que nous suivons fut adopté, celui qui s'étoit alors fait chef de l'Etat n'avoit aucun ménagement à garder ; il étoit en guerre avec toutes les nations commerçantes, il vouloit les réduire toutes par la force de ses armes et par la puissance de son tarif de douane ; en même temps qu'il s'en faisoit un rempart, il s'en faisoit un glaive pour frapper son peuple de charges accablantes, sous

---

(1) M. Basterrèche.

lesquelles toutes les consommations devoient fléchir.

L'industrie dut se frayer une autre route ; ses besoins la lui montrèrent : elle l'a parcourue avec autant de succès que de rapidité. Il ne s'agit pas d'arrêter son char, mais il ne faut pas non plus poser des barrières si élevées sur les routes que notre état de paix et notre position géographique nous ont tracées.

Pour démontrer que notre système de douane est mauvais, il suffiroit peut-être de rappeler où et comment il a pris naissance, de remettre dans sa mémoire les fameux décrets de Berlin et de Milan, qui peuvent bien avoir quelques rapports avec ces augmentations de droits, et ces prohibitions sans cesse demandées, sans cesse reproduites.

Pour ne pas revenir trop loin sur le passé, parce que l'on nous répète que tout est changé, que notre situation n'est plus la même, qu'il nous faut un système conforme à notre position actuelle, qu'il nous faut des recettes analogues aux besoins que nos malheurs ont créés, nous partirons de 1814, époque à laquelle les énormes droits établis par Buonaparte subirent une réduction commandée par notre position nouvelle, et le système nouveau qui devoit s'établir.

Le premier acte du gouvernement à cet égard

fut l'ordonnance du 23 avril 1814, dont les dispositions furent confirmées par la loi qui sur-
vint au mois de novembre de la même année.

Par ces différens actes, par l'exposé des
motifs qui les ont amenés, et par les discussions
auxquelles ils ont donné lieu, on voit bien que
ces dispositions ne furent que transitoires ; que
l'on cherchoit à ménager les intérêts des dé-
tenteurs de denrées acquittées aux anciens et
énormes droits qui éprouvoient déjà des pertes
considérables par les introductions causées par
l'invasion, qui depuis long-temps mettoient nos
douanes dans une sorte d'interdit.

Un nouveau tarif dut chercher à concilier
tous ces intérêts ; mais on sentit bien que l'on
ne pouvoit marcher qu'à tâtons vers un système
nouveau que notre position d'alors rendoit in-
dispensable ; qu'il falloit rendre au commerce
son ancienne splendeur, et lui faire fertiliser
le sol et l'industrie de la France, régénérée par
des peuples nouveaux et des conquêtes nouvelles. Nous pouvions espérer de marcher à
grands pas vers cet heureux temps, lorsque les
événemens de 1815 survinrent, entraînant avec
eux tous les désastres que les guerres les plus
épouvantables puissent occasionner à une nation
agricole et commerçante. Il fallut chercher des
ressources partout pour faire face à nos énormes

charges ; et depuis lors, loin d'améliorer notre système de douane, on en a empiré la législation. On croit chaque année perfectionner nos finances en augmentant les droits de quelques articles, et protéger nos fabriques en faisant de nouvelles prohibitions.

Si la France ne pouvoit produire et fabriquer que ce qu'elle consomme, on pourroit trouver quelque convenance à ce système ; mais comme il est incontestable qu'elle produit et fabrique déjà beaucoup plus qu'elle ne peut consommer ; que son industrie agricole et manufacturière, qui a de vastes champs à exploiter encore, fait chaque jour d'immenses progrès, il faut donc lui chercher des ressources nouvelles, de plus grands débouchés. Mais comment les trouver, comment les obtenir chez les nations voisines ou lointaines, si tout ce qu'elles produisent, tout ce qu'elles fabriquent se trouve frappé chez nous d'énormes droits ou de prohibitions ? Au lieu de nous offrir ces ressources si désirables, elles nous accueillent avec les mêmes armes, et mettent trop souvent les importations que nous voulons faire chez elles dans l'impuissance de payer avec leurs produits les droits dont elles sont frappées.

Ainsi les haines se perpétuent ; et les peuples, déshabitués de nous voir et de consommer nos produits, en perdent le souvenir et le goût.

C'est à la France éclairée à qui il appartient de faire changer un système que différentes nations ne professent que par imitation, et qu'elles s'empresseront de changer dès que nous leur en aurons donné le salutaire exemple.

Une semblable mesure, utile autant que politique, cimentera les liaisons d'amitié que la paix a rétablie entre les peuples, et pourra seule rendre à la France les débouchés que nous cherchons, et la prospérité que sa position, la fertilité de son sol et la richesse de son industrie doivent lui assurer.

On pourra citer et nous comparer à l'Angleterre, comme on le fait dans trop d'applications en différens systèmes; mais, dans celui-ci, la position de l'Angleterre, bien différente de la nôtre, ne peut supporter aucune comparaison : sa puissance maritime est depuis trop long-temps ce que n'a été qu'un instant notre puissance continentale. Maîtresse des mers, et, pendant la guerre, de presque tous les ports dans lesquels nous ne pouvions établir garnison, elle a su se créer, par la force de sa puissance, des débouchés immenses, qu'elle ne pourra néanmoins tous conserver. Déjà elle les voit s'affoiblir, et déjà aussi, puisqu'il faut la citer, nous voyons qu'elle cherche à lever les restrictions qui pèsent sur le commerce extérieur, et à lui laisser plus de liberté, en abolissant les réglemens qui entravent ses relations commerciales avec les différentes nations.

Les Etats-Unis d'Amérique, qui nous avoient offert un traité de commerce, proposent sans doute, à notre imitation, des augmentations de droit, et veulent ainsi poser à nos produits, et à ceux de notre industrie, une barrière plus forte.

On doit croire que si la France eût voulu entrer en négociation avec eux sur un système d'échange et d'une réciprocité convenable, notre commerce n'auroit pas à redouter d'être repoussé de ses marchés, et de perdre une consommation importante qu'il devoit accroître en fréquentant ses ports.

Nous apprendrons peut-être trop tard que c'est aussi à la consommation étrangère qu'il est utile, qu'il est avantageux de porter nos produits, que les différens transports auxquels cette consommation donne lieu, doublent et triplent souvent la valeur de la marchandise exportée, et que cette exploitation se fait ainsi à l'avantage de l'industrie commerciale.

Nous apprendrons aussi qu'il n'est peut-être pas sans quelque danger de porter nos produits agricoles et manufacturés à des résultats hors

de proportions avec nos débouchés et nos consommations, car les fabricans qui se trouveront
forcés d'arrêter leur métier par l'encombrement
de leurs produits, pourront laisser sur nos
places publiques, une classe d'hommes faciles à
remuer lorsque le travail leur manque, et qui ne
savent que jeter, sur le gouvernement qui les
protége, la cause de l'inaction dans laquelle les
laisse, ou l'impuissance de les employer, ou
souvent encore des prétentions exagérées qu'ils
veulent faire passer en loi; l'Angleterre nous a
récemment fourni ces funestes exemples qui
auroient pu avoir chez nous un résultat bien
plus fâcheux; ce ne seroit donc pas toujours des
primes de fabrication qu'il faudroit donner,
mais aussi, si l'on peut le dire, des primes de
consommation.

Déjà nous voyons que ce sont les villes manu-
facturières qui occupent le plus le gouvernement, et que ce sont celles dont il redoute le
plus les opinions et les partis; ce ne sont point
cependant les importations étrangères qui
nuisent à leur consommation et qui les irritent,
malgré que, trop souvent, les fabricans s'en
servent d'arme et de prétexte, pour des réclamations nouvelles en augmentation de droits,
ou en prohibition.

Comme c'est d'un bon système de douane que

doit dépendre la prospérité d'un Etat commerçant qui a près de cinq cent lieues de côtes, des fleuves et des ports magnifiques, sous le plus beau ciel de la terre, et auquel appartient un peuple doué de toutes les facultés, nous avons dû nous étendre un peu sur celui qui nous régit, avant de passer aux règles qui doivent être appliquées à notre situation; car nous ne pourrons en appliquer aucune à nos rapports commerciaux, si l'on persévère dans un système créé par une seule ambition.

C'est donc en nous dégageant de l'influence qu'il exerce, que nous allons parler des véritables intérêts commerciaux de la France, tels que nous les concevons. En appliquant à chacune de nos relations la part d'encouragement qu'elle peut et doit mériter, on pourra sans doute arriver à quelque chose de fixe et de durable; mais ce ne sera que lorsque le gouvernement, c'est-à-dire les principes raisonnables, auront acquis une certaine force, que l'on pourra porter aux Chambres des projets de loi de douane; car, nous avons vu, par la discussion de celle qui vient de leur être présentée, l'inconvénient qu'il pourroit y avoir à soumettre le moindre changement à de pareilles sessions. Nous croyons même qu'il n'est pas sans inconvénient d'être obligé de leur apporter de semblables réglemens, que trop d'intérêts divisent, sans les représenter tous également.

La France, par sa situation, et dans tous ses rapports, étoit destinée à être une des premières nations maritimes ; il a fallu sans doute une révolution comme celle qu'elle a éprouvée, et les guerres qui en ont été la suite, pour lui faire perdre toute l'influence qu'elle devoit exercer sous ce rapport.

Si elle ne peut, aujourd'hui, reconquérir tout ce qu'elle a perdu comme puissance maritime, elle peut encore, par son commerce, se créer une nouvelle force et une nouvelle influence.

Il sera sans doute superflu de s'étendre sur les avantages que peut attendre un Etat comme la France, de ses rapports maritimes ; ce sont cependant des intérêts si peu et si mal compris, que nous ne croyons pas inutile de les retracer.

Les principaux ports de nos côtes possèdent environ neuf cents navires français, destinés aux voyages de longs cours, ou du grand cabotage ; c'est-à-dire en bâtimens au-dessus de cent tonneaux. On peut estimer leur valeur à 60,000 fr., l'un dans l'autre, soit l'ensemble à 54 millions ; qu'ils sont montés chacun par vingt hommes d'équipage, soit ensemble dix-huit mille hommes ; qu'ils occupent habituellement dans les ports un nombre d'individus égal à celui qu'ils ont à bord; ce qui feroit ensemble trente-six mille.

Que leur dépense annuelle, en gages d'équipages, vivres, réparations, équipemens et assurances, peut aller à 30,000 francs, l'un dans l'autre, soit ensemble 27 millions.

En les supposant employés les deux tiers de l'année, on peut évaluer qu'ils font en fret brut, au bout de l'année, 40,000 francs, soit ensemble 36 millions.

Que la valeur de leur exportation peut être de deux cent soixante-dix mille tonneaux de marchandises, soit en somme 150 millions.

On peut estimer en outre que les bâtimens étrangers qui fréquentent nos ports y dépensent à peu près un tiers de ce que les bâtimens nationaux y dépensent eux-mêmes, soit environ 9 millions. Que leur exportation peut être évaluée à 360 mille tonneaux de diverses marchandises, formant une valeur de 200 millions.

Par le dépérissement dans lequel notre marine marchande étoit tombée, le peu d'encouragement qu'elle a reçu depuis qu'elle a pu concevoir l'espérance de se relever (si ce n'est même de nouveaux obstacles mis à sa navigation), on peut bien évaluer qu'elle devroit être aujourd'hui d'un tiers plus importante, et que les résultats que présente son état actuel devroient être augmentés dans la même proportion; mais, loin de pouvoir espérer une amélioration prochaine, nous devons craindre de la voir se réduire considérablement chaque année, car tous les chantiers sont déserts, et il n'est plus de calcul raisonnable dans les opérations maritimes qui puisse permettre une construction nouvelle, pour telle destination que ce puisse être.

Il est bien plus facile de calculer l'effrayant déficit qu'une semblable situation doit produire dans la fortune de l'Etat, et dans des exportations déjà beaucoup trop foibles pour nos produits.

Par l'aperçu que nous venons de présenter, il est facile de remarquer ce que l'on obtient, et ce que l'on peut obtenir encore de rapports maritimes bien combinés, combien ils peuvent augmenter l'industrie et l'aisance des pays qui les protégent, et accroître ainsi leur prospérité. Si, pour convaincre de cette vérité, il ne falloit que citer des exemples, nous montrerions Venise, la Hollande et l'Angleterre au temps de leur splendeur, que cette dernière a su conserver par la force de sa marine et le perfectiònnement de son industrie. Si nous ne pouvons l'égaler sous ce premier rapport, nous sommes heureusement situés pour le faire sous le second ; car protégés, ou seulement non froissés par des droits d'entrée ou de sortie que nos voisins ne supportent pas, il ne sera bientôt plus un seul produit du sol ou de notre industrie que nous ne puissions offrir aux yeux étonnés et à la consommation de tous les peuples ; mais, comme nous l'avons déjà dit, pour leur en faire naître le goût et le désir, il faut les fréquenter, il faut pouvoir leur prendre quelques produits en échange, afin d'augmenter aussi chez eux le travail et l'aisance, et par là de nouvelles consommations.

Le commerce maritime présente, pour second avantage, à un Etat comme la France, celui de former des matelots qui, après l'avoir servi pendant la paix, le défendent pendant la guerre. Plus on protégera les voyages de long cours, et plus on augmentera le nombre des marins habiles et dévoués à leur pays ; car il est à remarquer que ces affections de patrie, loin de se perdre dans les contrées lointaines, s'augmentent toujours ; que ceux-là ne se trouvent jamais parmi les moteurs de troubles politiques ; qu'il est aussi facile d'en faire de bons marins pendant la paix, que de fidèles défenseurs pendant la guerre. Notre état littoral, le cabotage que le commerce alimente, peuvent facilement nous en faire augmenter le nombre, et procurer ainsi asile et emploi à l'accroissement d'une population qui peut devenir embarrassante.

Il lui présente encore pour troisième avantage d'agrandir sa considération chez les puissances étrangères, d'augmenter son influence en montrant partout les résultats de sa civilisation et de son industrie, le développement des forces et des ressources qu'une pareille situation peut lui donner.

En appliquant ces règles à notre commerce nous le considérons :

1°. Dans ses rapports avec les colonies françaises ;

2°. Avec l'Inde et la Chine ;

3°. Avec le Brésil ;

4°. Avec les anciennes possessions espagnoles en Amérique ;

5°. Avec les Etats-Unis d'Amérique ;

6°. Avec le nord de l'Europe.

Ire PARTIE.

Avec les Colonies françaises.

1°. Dans ces premiers rapports il convient d'examiner si, avec le peu de colonies qui nous restent, nous pouvons et devons maintenir un véritable régime colonial, tel qu'il existoit autrefois, et tel qu'il doit être pour favoriser exclusivement ses colonies ;

2°. Si l'abolition de la traite des Noirs ne

sera pas un obstacle invincible à la prospérité de nos colonies ;

3°. Si l'indépendance ou la situation actuelle des colonies espagnoles, de Saint-Domingue et de l'Amérique du Sud ne doivent pas faire craindre qu'un véritable régime colonial aura bien de la peine à y être maintenu ;

4°. Si enfin, l'Angleterre, la seule puissance qui conserve encore dans ses colonies d'Occident un véritable régime colonial et exclusif, venoit à le changer, il nous conviendroit d'imiter son exemple.

Dans le premier objet nous devons examiner l'utilité et l'importance de nos colonies dans leur état actuel ; ce qu'elles peuvent produire et consommer ; les avantages et les ressources qu'elles peuvent ainsi procurer à l'Etat qui les possède, soit pendant la paix, soit pendant la guerre.

Dans cet examen nous ne nous arrêterons principalement qu'aux îles de la Martinique, de la Guadeloupe et de Bourbon, car nos possessions du Sénégal et de Cayenne sont de trop peu d'importance encore pour influer beaucoup sur la décision qui pourroit être prise dans la législation de nos colonies, et sur le tarif à leur appliquer.

L'île de la Martinique présente une étendue

de cinquante-six lieues de tour; elle possède deux villes, cinq bourgs et une vingtaine de villages: sa population peut être évaluée encore à cent mille habitans, dont dix mille blancs, cinq mille mulâtres ou nègres libres, quatre-vingt-cinq mille esclaves.

En estimant la consommation des blancs et des mulâtres ou noirs libres à 150 kilogr. de farine, et à un hectolitre de vin pour chaque habitant et par an, on trouve que cette île peut présenter à la métropole un emploi de vingt-cinq mille barils de farine et de douze cents tonneaux de vin environ. Comme il est difficile d'évaluer la consommation de ces mêmes habitans pour les autres objets nécessaires à la vie, aux habitations ou au luxe qu'ils doivent tirer de la métropole, nous nous bornerons donc à faire une évaluation supposée de leur dépense ou de leur consommation que nous porterons à 4 millions de francs.

Quant à la consommation des esclaves, comme le maïs récolté dans l'île en forme la principale, et que les vingt mille barils de bœuf et cinquante-cinq mille quintaux de morue qu'ils peuvent employer, leur sont principalement fournis par les étrangers, et notamment par les Américains, nous devons peu nous arrêter à cette consommation, puisque, depuis le fameux arrêt du Conseil, du 30 août 1784, qui fut le sujet de fortes réclamations, le commerce étranger a toujours pris plus d'empire dans cette colonie comme dans celle de la Guadeloupe. C'est ainsi que, depuis 1815, on a vu tous les ans des ordonnances de faveur protéger telles exportations ou importations, que la métropole auroit dû seule être appelée à faire par son pavillon, se faire par des bâtimens étrangers; en outre, la fraude toujours active, a constamment su, dans ces îles, se frayer une route que l'on n'a jamais su ou voulu lui fermer; elle y alimente ainsi un commerce étranger, au préjudice de la métropole, dont il sera toujours difficile d'évaluer l'importance. C'est ce motif qui nous a porté à ne pas faire mention de la consommation des farines par les esclaves, dans l'aperçu que nous présentons, puisque ce déficit de consommation (au désavantage de la métropole) se trouve plus que compensé par les importations de farines étrangères, qui ont constamment eu lieu dans cette île.

Dans les objets que nous fournit cette colonie, nous ne nous arrêterons qu'au sucre. Il en forme aujourd'hui presque le seul produit, le café y étant chaque jour plus négligé par le manque de bras; cependant le haut prix auquel s'est élevée cette fève en a fait arriver de cette île environ sept mille quintaux métriques dans la dernière année ; mais on ne peut point les envisager tous comme produits de cette colonie, car il n'est pas douteux qu'une grande partie ne provienne des îles voisines, que la faveur du droit colonial y attire : il en est de même du coton et des cacaos.

Si nous prenons pour base de ses produits en sucre, celui qui nous a été importé dans les précédentes années, et notamment dans la dernière, par nos bâtimens français, nous trouvons que cette colonie a été visitée par quatre-vingt-dix à cent bâtimens, dont la jauge peut être évaluée à vingt-cinq mille tonneaux, soit environ trente mille barriques de sucre qu'ils en ont rapportées, en évaluant chaque barrique de sucre à quatre quintaux métriques net, et la valeur de ce même sucre à 80 fr. les cent kilog. à bord, nous trouvons que cette colonie verse ainsi sur la métropole une valeur de 9 millions en sucre ; que celle du café et des autres objets reçus de cette île peuvent être évalués à 3 millions ; ce qui feroit un total de valeur importée de cette île de 12 millions contre une valeur exportée de la métropole de 5 millions 500 mille fr.

La Guadeloupe, à laquelle il convient de joindre, dans le même aperçu, Marie Galande et la Désirade, présentent une étendue de cent lieues de tour; elles possèdent trois villes, plusieurs bourgs et un assez grand nombre de villages. Ces trois îles, quoique beaucoup plus étendues que la Martinique, ne présentent pas une forte augmentation de population, puisque l'on ne peut l'évaluer qu'à un cinquième en sus, les mêmes bases et les mêmes raisonnemens devant ainsi s'appliquer à cette colonie, et n'ayant qu'à ajouter un cinquième aux calculs que nous avons établis, sur la consommation de cette première colonie, nous trouvons que celles-ci doivent consommer trente mille barils de farine et mille quatre cent cinquante tonneaux de vin; que les autres objets qu'elles ont jusqu'à présent tirés de la métropole pour la consommation de ces îles, et dont nous faisons une évaluation par tête d'individus qui les emploient ou les consomment, peuvent se monter à cinq millions.

Ne pouvant, à l'égard de ces îles, que faire les mêmes observations déjà faites au sujet de celle de la Martinique, sur la consommation des esclaves, sur le commerce étranger, sur les ordonnances qui l'ont protégé, sur la contrebande, il est sans doute inutile de les répéter, puisqu'elles doivent trouver à l'égard de celles-ci, absolument la même application.

Quant aux produits de ces îles nous ne nous arrêterons non plus à leur égard qu'essentiellement au sucre, quoique celles-ci produisent plus de coton en meilleur qualité, et sans doute aussi un peu plus de café, mais il s'importe dans ces îles, comme dans celle de la Martinique, des cafés des îles voisines ; il est très-difficile de juger ceux qui sont produits de leur sol et ceux qui ne le sont pas : nous nous bornerons donc à faire une réduction sur ceux importés, et fixant ainsi leur quantité à huit mille quintaux métriques café, et deux mille quintaux métriques coton, nous trouvons qu'en fixant la valeur du premier article à 3oo fr. le même quintal, et à 24o fr. le second à bord, la valeur importée de ces deux objets peut être de 3 millions de francs.

Prenant aussi pour base de leurs produits en sucre, celui qui nous a été importé dans les précédentes années, et notamment dans la dernière, par nos bâtimens, nous trouvons qu'elles ont été visitées par cent dix à cent quinze bâtimens français, jaugeant environ vingt-six à vingt-sept mille tonneaux, qui en ont rapporté trente-cinq à quarante mille barriques de sucre. Or, prenant les mêmes bases pour le poids et la valeur du sucre, que celles que nous avons adoptées pour celui de la Martinique, nous trouvons que quarante mille barriques de sucre doivent ainsi former une valeur de 13 millions ; que celle du coton et du café, reçus de ces îles, étant de 3 millions de francs, la valeur totale de ces trois articles étoit de 16 millions, contre une valeur exportée de la métropole, de 6,500,000 fr.

Par cette balance des exportations et importations de ces deux colonies, on remarque un excédant dans les importations sur la métropole, de 16 millions.

Cette différence provient des exportations en numéraire qui se font dans ces deux colonies (exportations beaucoup plus fortes aujourd'hui que celles qui se font dans l'Inde), et du transport des fortunes coloniales, sur la métropole.

Tous les colons qui ont acquis une certaine aisance, peu confians chez eux dans l'exploitation de leur fortune, tant par le défaut de bras dont ils se trouvent privés, que par la crainte de quelques mouvemens insurrectionnels de la part des nègres, et les dangers du climat, cherchent à faire passer leur fortune en France, et à s'y fixer.

Aussi, loin de voir la consommation de ces deux colonies s'augmenter par le besoin, nous devons nous attendre à la voir diminuer chaque année ; car les émigrations qui se font de la métropole, pour ces colonies, n'égalent point en nombre, ni en fortune, celles qui s'opèrent de ces mêmes colonies pour la métropole.

Il faut observer que dans cet aperçu nous ne nous sommes attachés qu'à présenter les seuls produits de ces deux colonies, et leur consommation exclusivement locale ; puisque si l'on adoptoit à leur égard un système plus libre, le commerce interlope ne pourroit qu'y gagner, et les consommations n'en seroient sans doute alors que plus considérables, en appelant du moins consommation tout ce qui s'importeroit de France dans ces îles (1).

L'abolition de la traite ne sera pas un obstacle à la prospérité de ces colonies, sous le rapport de leurs produits en sucre ; il est même assez présumable que la quantité pourra plutôt en augmenter ; mais l'exploitation étant devenue plus chère pour l'habitant, il paroît constant qu'il ne pourroit que perdre en livrant son sucre brut de 45 à 50 liv. argent colonial ; et en le payant au-dessus, comme cela a toujours eu lieu, le commerce de la métropole n'a encore éprouvé que de la perte dans toutes les importations qu'il en a faites.

L'on ne peut encore avoir une opinion fixe

____

(1) Il faut cependant observer que la valeur de ces consommations se rencontre, à très-peu de chose près, avec le relevé de nos exportations pour ces colonies, qui ne s'y sont sans doute pas toutes consommées.

sur le régime qui va gouverner les colonies espagnoles, la Côte-Ferme et l'Amérique du Sud ; mais on doit croire que ces différentes contrées chercheront à maintenir leur indépendance ; dès lors, plus le régime colonial se trouvera concentré sur quelques poiñts isolés, et plus on doit penser qu'il sera difficile de le maintenir dans les limites circonscrites à son véritable sens.

Si enfin l'Angleterre changeoit de système à l'égard des colonies occidentales qu'elle possède, on peut facilement juger qu'il seroit dès lors impossible de maintenir dans les nôtres un régime exclusif, que l'on ne seroit sans doute plus maître de leur conserver.

Nous passerons maintenant à la troisième colonie, dont nous avons à parler avant de résumer une opinion sur leur ensemble.

L'Ile-de-Bourbon présente une étendue de soixante lieues de circonférence ; elle possède une population de soixante-huit mille âmes, dont cinquante mille noirs, esclaves, quatre mille noirs libres, et quatorze mille blancs.

Cette île ne peut pas être envisagée sous le rapport de son régime colonial, car sa position et ses relations avec l'île Maurice en rendroient l'application impossible ; d'ailleurs les Anglais eux-mêmes ayant adopté un système contraire pour cette dernière île, et y admettant les étrangers aux mêmes droits que ceux imposés aux importations par leur pavillon (à l'exception de quelques articles prohibés), nous serons sans doute obligés d'adopter le même système à Bourbon, et de leur permettre la sortie de ses produits, à la même différence de droits qu'ils nous permettent ceux de Maurice. Dès-lors il devient sans doute aussi difficile qu'inutile d'établir une balance de sa consommation et de ses produits ; ni l'une ni les autres ne peuvent malheureusement, d'ailleurs, être d'une grande importance à la détermination qui sera prise, tant à l'égard du régime colonial que du tarif ; car, à une pareille distance, une population d'environ soixante mille âmes ne peut offrir de grandes ressources, tant en consommation qu'en produits ; aussi voyons-nous que, malgré que la culture de la canne à sucre y ait fait depuis quelques années d'assez grands progrès, on ne pouvoit encore élever ce produit qu'à deux millions ou deux millions quatre cents milliers pesant de sucre, et vingt-cinq mille balles de café, le produit de cette graine allant par contre dans une proportion décroissante, faute de bras pour la cultiver.

Les deux ports de cette île n'offrent pas non plus de grandes ressources à notre navigation.

Tous les deux, rades foraines, nos bâtimens n'y sont pas à l'abri des coups de vent ; ils ne peuvent les considérer comme ports de relâche avantageux et sûrs pendant la paix, et encore moins pendant la guerre, puisque cette île ne pouvant être défendue d'aucun côté, ils y seroient moins en sûreté qu'en pleine mer.

Nos possessions ou colonies de Cayenne et du Sénégal sont malheureusement d'une trop foible importance dans le présent comme dans l'avenir pour exercer une grande influence dans le système qui doit les régir, tant sous le rapport exclusif que sous celui du tarif. Une population de trente à quarante mille habitans, qui, surtout dans la première, se détruit au lieu de s'accroître, que peut-elle nous offrir en consommation comme en produits ? Des rades non fréquentées, et dont l'une est surtout d'un abord très-difficile, ne peuvent présenter que de bien foibles avantages à notre marine et à notre commerce. Dans la première, l'échange de quatre à cinq cargaisons suffisent pour approvisionner ses marchés de tout ce que la métropole peut lui fournir en vins, farine, huile, légumes, viande salée et objets manufacturés ; elles suffisent à l'exportation de ses produits de coton, sucre, rocou et girofle, qui peuvent à peine former cet encombrement.

Le Sénégal, peut-être plus riche en espérance par les avances que nous avons faites à ses habitans en établissemens, ne peut encore nous arrêter long-temps dans cet aperçu par ses produits et par sa consommation. Jusqu'ici les premiers, à peu près exclusivement fixés à la gomme, nous en fournissent environ 400 mille kilogrammes, et nous font espérer du coton et de l'indigo, contre des toiles bleues, quelques autres marchandises fabriquées, des bois, vins, farine, huile, et quelques autres produits de peu d'importance, dont nous estimons la valeur totale à un million.

Ne pouvant malheureusement plus considérer Saint-Domingue comme faisant partie des colonies françaises, il nous est pénible d'envisager le peu de ressources que leur ensemble nous présente pendant la paix, et le peu de sécurité qu'elles nous offrent pendant la guerre.

La Martinique et la Guadeloupe, les seules de nos colonies qui pourroient faire quelque résistance à une attaque maritime, ne peuvent néanmoins nous laisser qu'une bien foible confiance, dans le cas surtout où la France se trouveroit engagée dans une guerre maritime avec une de ces puissances qui présentent à nos forces navales une si grande supériorité.

Ce n'est donc qu'en les élevant peu à peu, et

en exerçant nos marins, que nous pourrons leur offrir quelqu'appui, donner à notre indépendance plus de garanties, et à notre commerce plus de hardiesse et de sécurité.

Ce ne sera qu'après avoir examiné nos rapports dans les différentes parties du globe, que nous pourrons mieux apprécier et juger l'avantage ou l'inconvénient d'un régime colonial, et le tarif qui doit le protéger.

Nous allons ainsi passer à la seconde partie de nos considérations, c'est-à-dire à nos rapports avec l'Inde et la Chine.

IIe PARTIE.

Nos rapports avec l'Inde et la Chine.

L'importance de ces rapports peut être tellement étendue, et ils comprennent de si vastes Empires, que l'œil de l'observateur le plus attentif ne pourroit s'empêcher de se trouver effrayé d'avoir à parcourir d'aussi immenses et fertiles contrées.

Avant la révolution, et sous un régime qui n'étoit ni prohibitif ni destructeur des rapports commerciaux, ils formoient une des plus belles parties de la splendeur de notre navigation et de notre industrie ; notre nom y étoit aimé et respecté, et nous ne pouvions qu'acquérir en considération et en influence, en fréquentant de plus en plus ces parages ; mais depuis lors, par le malheur des révolutions et des guerres désastreuses qui en ont étéla suite, nous y avons tout perdu, et le souvenir de notre existence reste à peine dans la pensée.

Nos comptoirs dans l'Inde ont été détruits, nos possessions ont disparu, et les Anglais, profitant de l'influence et de la force qu'ils s'étoient acquises, y dominent exclusivement les golfes de l'Arabie et du Bengale et les pays qui les bordent.

Le dernier traité de paix ne nous a laissé que des simulacres de comptoirs et de possessions sur la côte de Malabar, sur celle de Coromandel et à Chandernagor, que notre tarif de douane nous laisse à peine la faculté de visiter : aussi n'avons-nous vu encore que des expéditions insignifiantes pour toutes ces parties de l'Inde, puisque notre port, celui qui s'en est le plus occupé, et qui est le mieux situé pour le faire, n'en présente que 15 pendant l'année 1819, formant ensemble une jauge de 5,200 tonneaux, et ne pouvant en supposer davantage à tous les autres ports réunis, le nombre de nos expéditions pour tous les ports de l'Inde pendant l'année 1819, se trouveroit borné à trente, soit ensemble environ 10 mille tonneaux. Les résultats qu'elles ont obtenus, ont été jusqu'à présent si peu encourageans, que, malgré que nous soyons tout à l'heure au sixième mois de l'année 1820, nos états de sortie n'en présentent que deux de notre port depuis le commencement de l'année, et nous doutons qu'il y en ait une plus forte proportion des autres ports de la France.

Les différentes parties de l'Inde, fertiles en produits de toute nature, habitées par des peuples qui ont peu de besoins, ne peuvent, nous le savons, nous offrir de grandes ressources pour la consommation des produits de notre sol et de notre industrie ; mais cependant nous avons acquis par l'expérience de notre premier voyage, la certitude, que plus nous fréquenterons ces importantes contrées et plus nous leur ferions naître le goût de nos produits et le luxe de nos richesses ; que ce ne seroit qu'à la longue que nous pourrions y former des consommations positives et habituelles ; que chaque cargaison qui sortoit avec 70 à 80 mille piastres pouvoit au moins y en joindre pour 20 à 30 mille de nos divers produits, ce qui formeroit ainsi des cargaisons assorties du tiers au quart en marchandises fabriqués ou produits de notre sol, le surplus se composant de piastres. C'est ici que s'élève la question de savoir jusqu'à quel point de semblables exportations peuvent être onéreuses à la balance de notre commerce ; pour ne pas nous égarer, comme beaucoup d'autres l'ont fait, dans une question qni mérite d'être approfondie et plus mûrement examinée, nous nous bornerons à dire qu'il faut se garder jusqu'alors de la juger si défavorablement à un commerce, qu'il seroit sans doute impolitique de repousser. D'ailleurs si une partie des produits que nous tirons des Indes-Orientales sont destinés à passer à l'étranger, l'objection se trouve détruite.

Les principaux objets que nous allons chercher dans l'Inde (car dans cet aperçu nous ne nous plaçons pas encore dans les mers de Chine), sont l'indigo, le coton, le poivre, la cannelle, la soie écrüe, le sucre, l'écaille et les dents d'éléphant, en outre plusieurs sortes d'épices et de drogueries ; de tous ces objets, il n'y a guère que le sucre et le coton qui peuvent nous être fournis en surabondance pour notre consommation, soit par nos colonies occidentales, soit par les contrées qui les avoisinent, telles que le Brésil, la Havane et les Etats-Unis ; quant aux autres denrées, et le coton compris, il ne peut être mis en question que nous devons être tributaires des étrangers, car elle est évidemment résolue par l'affirmative ; pour le sucre même il y a du doute, et nous serions du nombre de ceux qui ne pensent pas que nos colonies fournissent tout ce que la France peut consommer.

Il est sans doute une foule d'autres articles que nous pourrions tirer de l'Inde, et que nous ne désignons pas, soit parce que notre tarif les repousse, soit encore parce que leur valeur trop minime ne peut pas supporter les frais que nous sommes obligés de faire dans de pareils voyages. Nous nous attacherons aussi plus tard à faire remarquer leur importance, et dans quelle proportion ils augmentent la marchandise, combien ils sont sous ce rapport une véritable industrie exploitée au profit de l'Etat auquel ces navigateurs appartiennent ; les voyages d'Inde en Inde, méritent aussi, sous ce même rapport, une attention particulière.

Les mers de Chine eussent sans doute été totalement abandonnées par les navigateurs français, sans les ordonnances qui leur ont accordé des primes d'encouragement par une réduction de droits : ici cependant nous ne pourrons nous empêcher de faire remarquer la faute qu'on a faite en confondant ce qui devoit être envisagé comme des voyages de découverte, avec ceux qui ne faisoient qu'aller par une route connue, prendre contre de l'argent, le produit des possessions étrangères, fréquentées déjà par les peuples des Etats auxquelles elles appartenoient; si de semblables expéditions méritoient des primes d'encouragement, elles ne devoient pas sans doute être les mêmes que celles accordées à des voyages de découvertes qui avoient contre eux une foule de chances inconnues, et des dangers réels.

Nous envisagerons, dans nos rapports avec la Chine, l'île de Java, les Philippines, la Chine et la Cochinchine, qui peuvent se visiter dans le même voyage, quoique très-différentes dans les encouragemens que les uns ou les autres peuvent mériter, et dans les ressources qu'ils présentent à la France sous les rapports commerciaux.

L'île de Java, possession hollandaise, offre au commerce de toutes les nations un sol fertile, produisant du sucre, du café très-estimé, et des épices.

Les ports de Batavia et de Samaran sont les seuls de cette île visités par le commerce étranger, et dans lesquels ces bâtimens y sont admis à une différence de 6 p. 100 sur les droits de sortie, et de 6 p. 100 sur les droits d'entrée; ce qui fait 12 p. 100 que nos bâtimens ont à y payer sur toutes leurs importations, et 12 p. 100 sur leur exportation : nos vins, nos eaux-de-vie, nos huiles, et divers de nos objets manufacturés

y trouvent des débouchés constans et assez éten-
dus, qui ne pourront que s'accroître sensible-
ment encore par la fréquentation de ces parages.

Les îles Philippines, possessions espagnoles,
nous présentent, dans ce riche archipel, l'île de
Luçon et le port de Manille, comme principal
abord commerçant. Depuis trois ans que les
Français fréquentent ces parages, on remarque
qu'ils y sont aimés et estimés, et préférés à toutes
les nations dans leurs transactions commerciales.
Les droits qu'ils y paient sont, comme tous
autres étrangers, de 8 p. 100 sur marchandises,
2 et 1/2 p. 100 sur piastres, et 2 et 1/2 p. 100
à la sortie.

La variété des productions de ces îles et leurs
richesses territoriales seroient une véritable
mine à exploiter pour le souverain qui sauroit
en tirer parti.

D'après les dispositions des habitans et leur
éloignement de la métropole, on ne peut nul-
lement penser qu'ils rentrent jamais sous sa
domination exclusive, quelle que soit la détermination que prendra à leur égard le nouveau
gouvernement espagnol.

Les ressources commerciales s'y sont accrues
dans une proportion que justifie complètement
la richesse du sol. La culture y a été mieux soignée depuis que nous fréquentons ces parages,

et les produits s'y sont multipliés. Le sucre en forme le principal ; mais le coton et l'indigo, ainsi que le café, s'y cultivent également avec succès ; et dans peu d'années, cette graine, qui y est d'une rare beauté, pourra aussi nous y être fournie en assez grande abondance.

Dans ces îles, et comme partout ailleurs, les objets d'importation se divisent et se multiplient à mesure que l'industrie y fait des progrès, et que les goûts naissent par l'effet de l'aisance et le perfectionnement de la civilisation.

Dans les premières expéditions, les piastres formoient l'objet matériel des cargaisons ; on y ajoutoit quelques liquides, mais en petite quantité ; maintenant l'argent ne doit figurer que pour portion dans les échanges : les vins, eaux-de-vie et autres objets de nos produits agricoles y trouvent un débouché assuré ; une grande quantité d'articles manufacturés en France s'y consomment également ; et, en peu d'années, si la France y continuoit des relations, l'argent n'entreroit qu'en bien foible partie dans les cargaisons que nous y introduirions.

Le vaste empire de la Chine, qui offre des produits si variés et des objets manufacturés en si grand nombre, ne peut offrir, par notre législation prohibitive, de grandes ressources à notre commerce. Tous nos produits d'Europe y sont peu estimés ; ce n'est qu'en très-petit nombre que l'on peut y trouver le placement de quelques uns des nôtres ; l'argent doit encore former pour cet Empire la base des cargaisons qui y sont destinées. Il est cependant un genre de commerce que notre marine marchande un peu protégée peut aspirer à faire comme celle des autres nations, et qui consiste à aller prendre dans diverses contrées de l'Inde leurs produits, en échange des nôtres, accompagné de quelque argent, pour aller les porter en Chine, et les échanger là contre d'autres produits. Ces opérations, faites avec discernement, peuvent présenter de beaux résultats, et seront toujours très-avantageuses au gouvernement qui les protégera, ainsi que nous le démontrerons tout à l'heure en nous résumant sur le commerce de l'Inde.

Il faut en outre observer que le commerce de Chine n'étant point libre, ne se fait qu'à Canton, et sur permission ; que nos navires y sont assujétis à de très-gros droits d'ancrage, et que tous les produits des provinces voisines qui doivent être apportés à cette résidence du Souverain, y sont assujétis à d'assez gros droits, et à des frais considérables.

La Cochinchine, pays limitrophe de la Chine, présente, par sa position et par sa nature, un

Etat digne d'attention et de remarque pour le commerce et la politique de la France. Un sol fertile, composé de plaines et de montagnes, arrosé par des fleuves navigables, bordé de côtes superbes abordables en toute saison, et où la nature a fortifié des baies et des rades magnifiques; une population de 20 à 25 millions d'âmes, gouvernée par un monarque qui a conservé un attachement sincère pour notre nation, qui s'est propagé chez tous les individus, un Empire qui nous ouvre ses portes et son commerce sans aucune espèce de tribut, qui laisse la libre faculté à notre industrie d'exploiter son sol, et qui la protége dans toutes ses transactions; riche en mines d'or et d'argent, repoussant le nôtre, et n'ayant besoin que d'augmenter sa consommation de nos produits, mérite sans doute une attention particulière; il paroît exiger de n'être pas considéré comme un pays étranger, et de ne pas nous être interdit par un système exclusif.

Sa consommation, comme ses produits, ne peuvent y faire chaque année que de grands progrès, et ce ne sera qu'au bout de quelque temps, que l'on pourra juger par les résultats d'un commerce protégé et non prohibé, l'importance de pareilles relations. Ce sont les objets manufacturés et quelques parties de nos vins qui ont trouvé jusqu'à présent, à la cour comme chez le peuple, des débouchés et de nouvelles commandes.

Son produit principal est le sucre, qui y est d'une rare beauté, et que les Chinois viennent y chercher en échange des objets qu'ils y apportent. La soie s'y cultive également en abondance, et ne demande qu'à être mieux soignée pour représenter la plus belle soie de l'Inde. Le thé, le coton, le tabac, s'y cultivent également avec succès, et il n'est pas un seul produit que ce sol fertile ne puisse rapporter ; bordant les contrées les plus fertiles de la Chine, il peut dans ses ports en offrir tout le commerce, et y présenter ses produits à bien moins de frais et à meilleur marché qu'à Canton.

En temps de guerre ses rades et ses ports présentent un asile sûr à notre marine, et cet avantage, dans la position actuelle de la France, doit être envisagé comme inappréciable.

Nous avions dit plus haut que nous ferions remarquer dans quelle proportion les voyages de l'Inde devoient augmenter la marchandise qui en étoit rapportée, ce qui représentoit une véritable manipulation ; c'est ici le cas d'en parler et de faire observer en effet que les bâtimens destinés aux voyages de l'Inde doivent être des navires de quatre à six cents tonneaux, que c'est principalement pour cet emploi que l'on

fait faire des constructions neuves, et que l'on
alimente ainsi nos chantiers ; qu'un bâtiment de
ce tonnage moyen, armé et installé pour un
voyage de quinze à dix-huit mois, ne pouvoit
pas coûter moins de............... 300,000 f

Les frais de séjour en Asie........   35,000

Les frais de désarmement et les
gages d'équipage...................   35,000

Assurance d'allée et de retour sur
le corps du navire seulement......   30,000
                                     ———
                   Ensemble... 400,000

Un semblable navire , au retour,
pourroit valoir, tout au plus....... 200,000
                                     ———
                      Reste... 200,000

Il aurait donc déjà été dépensé sur le simple
corps du navire, qui seroit tout au plus propre
à deux voyages semblables , seulement une
somme de.......................... 200,000 f

Si on l'ajoute à celle qu'il faudra
dépenser sur la cargaison, en frais
d'embarquement et de débarque-
ment, commission au subrécargue,
assurance d'allée et retour , intérêt
de l'argent, etc. on trouve que tous
ces frais cumulés ne peuvent pas aller
moins de 20 p. 100, qui, supposés
sur une cargaison assortie (car en

Ci-contre . . . 200,000ᶠ

sucre seulement elle n'auroit pas cette valeur), on trouve qu'il faut encore prélever sur cet objet, une dépense de 120,000

Ensemble . . . 320,000ᶠ

Ce qui fera donc ainsi une dépense répandue, au profit de l'industrie de 320,000 francs sur une cargaison de 600,000, soit plus de 50 p. 100, sans compter encore les droits qu'elle vient rapporter à l'Etat.

Si l'on veut supposer un voyage d'Inde en Inde, on verra que cette dépense s'augmente encore dans une proportion beaucoup plus forte; qu'elle est donc ainsi une véritable fabrication, ou manipulation, qui augmente la valeur primitive de la marchandise d'une manière bien plus sensible, que certaines fabriques, tenant au sol, qui sont favorisées par des encouragemens, ou primes de sortie.

Si l'on veut considérer, en outre, combien il importe à un Etat qui veut avoir un commerce extérieur, et une marine quelconque, d'encourager de semblables expéditions pour faire connoître ses produits dans les deux mondes, et former des marins, on aura la part des protections qui doivent être accordées à des relations lointaines, et à de véritables voyages de long cours, qui n'exposent pas à ces affreux ravages, qu'exerce sur nos marins le séjour des Antilles.

IIIe PARTIE.

Avec le Brésil.

Le Brésil, dont les ports sont devenus ouverts à toutes les nations offre au commerce de vastes et belles contrées à exploiter; mieux régi par ses lois et son système de douane arbitraire et fiscal, il deviendroit la colonie de tous les Etats; si encore les droits étoient uniformes pour tous les pavillons; mais les Anglais, qui depuis trop long - temps dominent ce royaume, ont su se réserver et se conserver une différence de droit de 9 p. 100 (1) sur leur produit, avec ceux des autres nations; ce qui nous prive de ces marchés pour tous les objets qui se trouvent en concurrence avec les leurs. Les principaux articles que nous y importons sont les soieries, les objets de goûts, et autres, manufacturés; du sel, des farines et quelques vins; mais nos exportations au Brésil n'égalent pas nos importations en France, et la balance s'en opère par des envois en piastres, et par des traites; notre tarif, re-

____

(1) Ils paient 15, et nous 24.

poussant de notre consommation plusieurs des objets importés, et les reversant ainsi à une consommation étrangère, on doit faire peu d'attention à cette balance, soldée en espèces.

L'immense étendue du Brésil et la fertilité du sol qu'il possède, ne demande que des bras pour augmenter ses produits, dont la terre en refuse de peu d'espèces.

Les principaux qu'elle fournit à l'exportation sont les sucres, le coton, le café, le cacao, les peaux, les bois de teinture et quelques épiceries ; ses rades sont belles et salubres, et offrent à nos bâtimens des ports de relâche dans leur voyage aux Indes, dans lesquels ils peuvent se ravitailler à peu de frais.

S'ils étoient dégagés de l'influence anglaise, nous pourrions aussi y trouver pour notre marine un abri en temps de guerre, que sans doute elle n'oseroit actuellement aller y chercher si elle avoit le malheur d'éclater.

C'est donc à rendre les droits uniformes au Brésil que l'on doit s'appliquer par des négociations dans lesquelles notre tarif ne peut pas être étranger, puisque, ouvrant nos marchés à la consommation d'une partie de ses produits, nous pouvons encore y en appeler d'autres ou en repousser si des mesures d'une juste réciprocité ne pouvoient être adoptées.

IVᵉ PARTIE.

Avec les anciennes possessions espagnoles en Amérique.

C'est ici que nous rencontrons encore un champ tellement vaste, qui offre des combinaisons de commerce et de relations tellement variées que l'on ne peut que désirer d'y voir rétablir l'ordre et la paix, qui nous feront, il faut l'espérer, participer aux richesses que ce nouveau monde renferme, puisque nous ne pouvons penser qu'aucune domination nous en ferme aujourd'hui tous les ports, nous ne pouvons donc que former des souhaits à cet égard, car jusqu'à ce que nous sachions quels seront les contrées et les ports qui nous demeureront ouverts, les conditions auxquelles nous serons admis à y traiter, il seroit fort difficile de former le plan du tarif qui doit régir nos relations avec ces différentes contrées ; toutefois nous pouvons dire qu'il doit être basé sur un système de réciprocité, et qu'il doit donner l'exemple de la modération pour témoigner le désir que nous avons de nous lier avec des peuples qui peuvent consommer beaucoup de nos produits, nous en livrer en échange de tant d'espèces différentes, et d'une nature qu'eux seuls peuvent nous fournir.

Vᵉ PARTIE.

Avec les Etats-Unis d'Amérique.

C'est de 1780 que datent nos principales relations avec cette vaste république ; alors elles y étoient protégées et favorisées, et nos produits agricoles et manufacturés commençoient à y trouver d'immenses débouchés ; mais lorsque son indépendance fut réconnue par toute l'Europe, on encombra ses marchés du produit de toutes les nations. Depuis lors elle a toujours cherché à agrandir sa culture et à former des fabriques, dont plusieurs, déjà, rivalisent avec les nôtres ; mais la cherté de sa main-d'œuvre nous laissera long-temps un grand avantage, lorsque nous n'aurons pas à lutter contre des droits trop élevés, et surtout lorsque nous n'aurons pas à en payer de plus élevés que d'autres nations.

Protégeant sa marine et son commerce extérieur, elle a étendu ses relations dans toutes les parties du monde, et, quoique sans colonie, elle a su établir ses marchés l'entrepôt des deux Indes.

Ses importations de Chine nuisent considérablement à nos fabriques, et surtout à celles de Lyon ; néanmoins nos soieries y trouvent encore d'assez grands débouchés, ainsi qu'une foule d'autres objets de goût, dans lesquels nos fabriques excellent ; malgré les plantations de vigne, la consommation de nos vins et eaux-de-vie y augmente chaque année ; et c'est ici que nous prouverons ce que nous avons déjà avancé.

Que ce n'étoit que par la fréquentation des peuples que l'on pouvoit augmenter leurs besoins et nos débouchés.

Dans les années de 1787 à 1789, nos exportations ne furent que de 1200 mille fr. à 2 millions par an, et nous sommes assurés que maintenant, malgré l'accroissement de ses fabriques, elles s'élèvent à plus de 60 millions ; car, dans notre port seulement, elles forment une somme de près de 8 millions, dont les deux tiers en vins et eaux-de-vie, ce qui prouve encore que les peuples, en se créant plus d'industrie, se créent de nouveaux besoins.

Ayant principalement à échanger avec les États-Unis des produits bruts nécessaires aux deux pays, nous devons obtenir une juste réciprocité dans les bases de nos tarifs respectifs, puisque de là dépendront l'importance et l'accroissement de nos relations commerciales avec ces États, auxquels la France doit porter un

grand intérêt pour son agriculture, ses fabriques
et son commerce.

VIᵉ PARTIE.

Avec le nord de l'Europe.

Cette sixième et dernière partie de nos observations demanderoit à être divisée selon les
Etats qu'elle renferme, si nous avions à faire
un travail sur chacune de nos relations avec les
peuples des quatre parties du monde; mais il
ne s'agit ici que de remarques succinctes, très-
imparfaites sans doute, et qui peuvent montrer
seulement l'important travail qu'il y auroit à
faire pour présenter la véritable situation de
la France, dans ses rapports commerciaux et
politiques.

Les peuples du Nord, que nous prenons au
delà du canal de la Manche, dans la mer Baltique ;
le golfe de Bothnie, celui de Finlande, et dans
toute l'Allemagne, sont les peuples qui consomment le plus nos produits territoriaux, et principalement nos vins et eaux-de-vie : ils viennent
les chercher eux-mêmes, contre des cargaisons
insignifiantes en valeur, et nous paient ainsi la
balance de leur exportation, en délégations sur
l'étranger ; ce commerce, qui appartient au sol,

mérite une attention particulière, et de n'être pas repoussé par nos tarifs d'entrée et de sortie.

Notre port, celui sans doute le plus fréquenté par les pavillons du Nord, compte habituellement de 350 à 400 bâtimens qui le visitent chaque année, et qui exportent soixante-quinze à quatre-vingt mille tonneaux de marchandises, dont, environ, soixante mille tonneaux en vins et eaux-de-vie (1) ; en prenant leur valeur commune à 500 fr. le tonneau, on verra que cette exportation, seulement, est d'une valeur de 30 millions qui s'accroîtroit beaucoup encore, sans nos énormes et impolitiques droits de sortie, et sans ceux d'entrée et de consommation que ces différentes puissances ont établis chez elles, en représailles de notre système prohibitif, qui nous a privés de la consommation entière de plusieurs royaumes dont on a repoussé l'importation d'insignifians produits, parce que leur concurrence pouvoit blesser quelques intérêts particuliers. Cependant notre agriculture se perfectionne chaque jour, de nouveaux terrains se défrichent, de nouvelles plantations s'effectuent, nos produits s'accumulent, et si nous ne les favorisons pas, par des exportations

---

(1) En 1819, il y a eu cinquante mille tonneaux de vin et huit mille tonneaux d'eau-de-vie d'exportés.

et des consommations étrangères, la plus belle industrie se trouvera arrêtée, et nos finances en supporteront le déficit.

Après avoir parcouru les diverses contrées que notre industrie et notre commerce maritime sont appelés à visiter, il faut se résumer sur la part d'encouragement qu'il convient d'accorder à chacune de nos relations.

Celles de nos colonies, nous croyons l'avoir démontré, ne présentent point assez de ressources et d'avantages pour qu'on leur sacrifie toutes les autres.

Que procurent-elles à la France ?

Une consommation qui peut à peine être évaluée à 12 ou 15 millions, des importations qui peuvent tout au plus aller de 28 à 30 millions, et une dépense au budget d'environ 6 millions pour leur entretien.

Par un changement de régime dans leur législation, nous croyons que l'on pourroit en adopter un qui diminueroit peut-être les importations chez nous, mais qui augmenteroit par contre nos exportations pour ces colonies.

Par des droits justement appropriés, le gouvernement pourroit y trouver la compensation de ce qu'elles lui coûtent, et notre pavillon comme notre industrie, la protection qu'ils ont droit d'attendre.

Ainsi cesseroit une situation, toujours précaire, contre laquelle viennent se briser, tous les ans, nos expéditions maritimes, en renouvelant des plaintes et des reproches, souvent trop amèrement exprimés.

Nos relations avec l'Inde et la Chine n'ont besoin que de n'être pas entravées par un tarif qui les repousse : car si l'on ne veut pas donner des primes d'encouragement à celui qui forme des marins, et qui donne un pareil essor à notre industrie, que du moins, les produits qu'il peut rapporter, ne soient pas frappés d'une sorte de prohibition, pour favoriser ceux qui nous parviennent des colonies étrangères par l'intermédiaire des nôtres. Que l'on prenne pour base dans le tarif qui devra régir ces relations l'intérêt que nous devons avoir à les étendre et les accroître, et que l'on considère comme un impôt utile à l'État, les frais de navigation qui s'appliquent à la marchandise, et qui l'élèvent d'une manière aussi sensible, ainsi que nous l'avons démontré dans le chapitre relatif à cette partie.

Si l'on ne veut faire des distinctions dans le tarif, que l'on accorde des primes d'encouragement sur le tonnage des bâtimens, selon le voyage qu'ils entreprennent. Des navires qui passent douze, quinze et dix-huit mois à la mer dans leur premier voyage, s'usent de plus du tiers : les armateurs effectuent donc ainsi une véritable exportation, toute du fait de l'industrie qui a déjà payé des droits considérables , et qu'il est aussi juste de leur rembourser qu'à ceux qui exploitent le coton et autres matières premières, auxquelles on accorde des primes d'encouragement à la sortie, souvent pour une moindre fabrication.

Nos relations avec le Brésil ne demandent qu'à être régies par des droits uniformes , et que nous ne soyons pas obligés d'y payer 24 p. 100 de droits d'entrée, lorsque les Anglais n'en paient que 15, et encore sur des valeurs qui dépassent de beaucoup la réelle.

Que notre diplomatie, qui n'a aujourd'hui à professer que des sentimens de paix et d'amitié, s'applique à faire changer de pareilles dispositions : la force et les circonstances peuvent les avoir commandées ; mais aujourd'hui nous devons recouvrer les droits que la plus stricte justice réclame.

Nos relations avec les anciennes possessions espagnoles sont toutes à former, et il est impossible de résumer les règles qui devront les régir, puisque nous ne savons encore ce qu'elles pourront être ; mais, pour les obtenir et nous les attirer, il faut au moins pouvoir les établir sur un tarif qui leur présente une juste réciprocité.

Celles avec les Etats-Unis ne pourront jamais reprendre l'essor qu'elles sont susceptibles d'avoir sans un traité de commerce que la France a un grand intérêt d'obtenir, et auquel il faut qu'elle fasse plier son tarif.

Celles avec le Nord ont été entravées par des droits réciproques qu'il est temps de faire cesser pour soulager les peuples et enrichir le sol des nations qui se les sont imposés. La consommation aura bientôt, par son accroissement, comblé le déficit qu'au premier aperçu une pareille disposition peut laisser entrevoir.

Il faut que nous en venions à ce point dans toutes nos relations; car, sous le régime actuel, nous finirions, comme nous l'avons déjà dit, par les détruire toutes.

Qu'il ne soit pas posé en principe, comme nous l'avons vu dans l'exposé des motifs de plusieurs projets de loi de douanes qui nous ont été présentés, et notamment dans le dernier.

Qu'aussitôt que notre industrie, nos fabriques nous présenteroient les objets que notre commerce va encore chercher à l'étranger, *notre tarif doit s'appliquer à les repousser;* car, dès lors, avec la fertilité de notre sol, et le perfectionnement de notre industrie, il ne sera sans doute, au bout de peu d'années, pas un seul

article que nous ne puissions livrer à notre consommation ; et à chaque session , si ce principe
étoit adopté , nous devrions nous attendre à de
nouvelles augmentations de droits , de nouvelles
prohibitions.

Avec un pareil système , le commerce maritime doit être détruit , et nos relations les plus
lointaines , celles qui donnent à notre industrie
un aliment si utile , doivent cesser d'exister ; car,
toutes les nations s'appliquant à suivre cet exemple , ne voudront plus nous recevoir avec des
produits étrangers , et notre consommation locale sera la seule ressource laissée à notre sol
et à notre industrie.

Les relations maritimes ne se forment pas
dans une année ; il faut leur présenter des vues
et des bases fixes , pour qu'elles puissent s'établir ; car si celles entamées trouvent des chan-
gemens de système lorsqu'on veut leur donner
suite , elles sont abandonnées , et mettent le dé-
couragement à la place de ces belles espérances
qui donnent aux entreprises des Français tant
de force et d'énergie.

Nos chantiers de construction déserts , aban-
donnés , doivent fixer l'attention du gouvernement , si l'on ne veut pas laisser entièrement
périr une des plus belles industries qui exploite
nos produits , et leur ouvre ainsi une consom-

mation assurée : en s'occupant d'eux, et des moyens de les vivifier, ce qui s'opérera en levant les restrictions mises à notre commerce maritime, on aura à examiner si, comme nous le pensons, il ne conviendroit pas d'admettre les bâtimens étrangers à la francisation, lorsqu'ils seroient achetés et possédés par des Français.

Un fort droit de tonnage, mis à cette introduction, tolérée et soumise à des règles, vaudroit beaucoup mieux, sans doute, que ces francisations obtenues par faveur, non sur des réparations réelles, mais sur des comptes qui n'en sont que l'image infidèle.

Qu'enfin un tarif régulier fasse disparoître toutes ces anciennes lois et ordonnances administratives, dans lesquelles on s'égare sans retrouver souvent celles qui nous sont applicables.

Si des nations voisines et rivales conservent encore leur acte de navigation, pourquoi ne pas faire revivre et exécuter le nôtre à leur égard, et laisser ainsi à notre pavillon, la part de protection qui lui est due, et qu'il a droit d'attendre de notre état de paix et de stabilité, dans lequel il faut enfin que la France se reconnoisse et se place.

Par un Négociant de Bordeaux.

Juin 1820.

IMPRIMERIE DE LE NORMANT, RUE DE SEINE.